Le bar à soupes

des soupes classiques ou plus originales
pour les repas quotidiens

Anne-Catherine Bley
Photographies de Frédéric Lucano
Stylisme de Sonia Lucano

marabout

Sommaire

Les légumes mode d'emploi

LES LÉGUMES FRAIS

Plus les légumes sont frais et de bonne qualité, meilleure est la soupe. Choisissez des légumes fermes, à la peau bien nette, sans entailles ou marques. Les extrémités (vert des poireaux, feuilles de chou...) doivent être bien vertes et ne pas commencer à jaunir. Vous les trouverez au marché, chez les primeurs ou au supermarché. N'hésitez pas à regarder la provenance sur les étiquettes, vous aurez ainsi une meilleure idée de la qualité du légume : s'il a beaucoup voyagé avant d'arriver en rayon, on peut malheureusement penser qu'il a été cueilli avant sa maturité afin de ne pas s'abîmer pendant le transport. Achetez vos légumes au marché, et de préférence chez un producteur. Un petit panneau signale leurs étals. Les produits que vous y trouverez sont cultivés localement (et ne voyagent pas) et sont d'une grande fraîcheur. Et il peut arriver que les maraîchers vous proposent des variétés inhabituelles ! Ailleurs, les légumes que vous achetez ont transité par un grossiste ou une centrale. Ils ont en général séjourné en chambre froide pendant quelque temps. La conservation en chambre froide permet de garder plus longtemps certains produits frais. C'est, par exemple, le cas pour le potiron : il est récolté à l'automne et en hiver, mais on peut en trouver jusqu'au mois d'avril. Sa peau épaisse le rend peu fragile et il peut être stocké pendant plusieurs mois. C'est aussi une étape obligatoire pour les légumes importés, comme par exemple les courgettes qui viennent du sud de l'Europe ou d'Afrique du Nord. C'est ainsi qu'on peut les trouver toute l'année, alors que sous nos latitudes il faudrait attendre la fin du printemps. Tout cela est, il faut bien le dire, très pratique !

LES LÉGUMES SURGELÉS

Rien à redire, on le sait, les légumes surgelés sont de très bonne qualité et, surtout, d'une utilisation des plus simples. Rien à éplucher, à couper, à émincer, tout est fait. Personne ne résiste à cet argument ! Le choix est vaste et ignore les saisons. Seul bémol : évitez d'utiliser des herbes surgelées, qui perdent vraiment une grande partie de leur goût.

LES LÉGUMES EN CONSERVE

Le choix est large : les pois chiches, les haricots rouges, les champignons de Paris, les châtaignes, le maïs, mais aussi les tomates. On trouve dans 99 % des cas sous l'appellation « tomate » un légume parfaitement calibré, parfaitement lisse, translucide et sans saveur. Alors, en l'absence de tomates de plein champ ou de jardin – ces tomates un peu cabossées, voire éclatées, où le rouge gagne sur le jaune et le vert –, préférez des tomates pelées en conserve qui bien souvent ont été récoltées très au sud et ont un vrai goût de tomate.

LES LÉGUMES SECS

Les recettes proposées dans ce livre sont faites à partir de lentilles vertes, blondes ou corail, que l'on trouve désormais partout assez facilement. Pour les lentilles vertes, faites-vous plaisir et utilisez des lentilles du Puy (AOC).
Pour les pois chiches et les haricots rouges, pour gagner un peu de temps, vous pouvez utiliser des légumes en conserve, donc précuits. Une recommandation : n'oubliez pas de bien les rincer à l'eau claire avant de les utiliser.

LES LÉGUMES OUBLIÉS

Panais

Ces drôles de grosses carottes jaunes un peu pointues se sont maintenant bien installées sur les étals des marchés. C'est un légume d'hiver qui peut tout à fait prendre la place des carottes dans de nombreux plats. Sa saveur est particulière, à la fois un peu sucrée mais assez vive.

Salsifis

L'aspect un peu surprenant du salsifis ne doit pas rebuter ! Cette longue et fine racine grisâtre mérite que l'on se donne un peu de peine pour apprécier pleinement sa saveur douce et légèrement sucrée, qui rappelle celle de l'asperge et de l'artichaut. C'est un légume d'hiver, alors autant l'essayer en soupe.

Cerfeuil tubéreux

Le cerfeuil tubéreux est encore un peu rare, et sa production est peu développée car c'est un légume un peu fragile qui nécessite un entreposage à froid de 2 mois pour que son goût particulier se développe. Cette racine conique grisâtre et plutôt petite a un goût un peu sucré et délicat, qui rappelle à la fois celui de la pomme de terre, de la pomme verte et de la châtaigne... Il ne faut pas le faire trop cuire, car les subtilités de ses saveurs disparaîtraient, laissant un potage un peu farineux. Ce qui serait dommage pour un légume somme toute assez onéreux.

Rutabaga

Le rutabaga a l'aspect d'un gros navet de couleur violet-jaune. Choisissez-les jeunes et fermes, car lorsqu'ils vieillissent leur saveur peut devenir piquante. C'est un légume d'hiver que l'on peut cuisiner de multiples façons, au goût moins marqué que celui du navet, et dont la saveur plus douce rappelle un peu celle de l'artichaut.

Topinambour

Les formes un peu étranges et boursouflées de cette racine et sa couleur violet clair rendent le topinambour facilement reconnaissable. La chair de ce légume d'automne et d'hiver, qu'il faut choisir ferme, avec une peau bien tendue, a un goût qui se rapproche de celui des fonds d'artichaut, avec une légère pointe de noisette. Et, bonne nouvelle, ce légume au fort pouvoir rassasiant est peu calorique.

L'ASSAISONNEMENT

Gros sel : pour la cuisson.
Sel fin : pour rectifier l'assaisonnement.
Poivre : donnez 1 ou 2 tours de moulin à poivre avant de servir. Mais vous pouvez aussi utiliser de la noix de muscade râpée.
Épices : cannelle, curry ou colombo, qui est plus parfumé que le curry, cumin moulu et coriandre moulue. Avec cette base, on peut réaliser toutes les recettes de ce livre.
Ail : frais, absolument. Pour éplucher facilement une gousse, il suffit de la tremper pendant 30 secondes dans de l'eau. Et il faut enlever le germe, surtout si vous devez utiliser l'ail cru, car c'est ce qui le rend indigeste.
Gingembre : on trouve très facilement du gingembre frais, qui nécessite de posséder un bon couteau, non pas pour l'éplucher, mais pour l'émincer, car la chair est très fibreuse. On peut utiliser du gingembre surgelé (plus pratique mais au goût moins fort), ou encore du gingembre en poudre (là encore, le goût est moins marqué).

LES USTENSILES

Pour la cuisson

Il suffit d'une casserole, d'une cocotte, d'un faitout ou d'une Cocotte-Minute de taille suffisante pour contenir la soupe terminée, et d'un couvercle adéquat. Si l'on utilise une Cocotte-Minute, le temps de cuisson en sera réduit. Il n'est pas nécessaire d'avoir un matériel avec un revêtement anti-adhésif : la cuisson d'une soupe se fait avec une grande quantité d'eau.

Pour le mixage

Moulin à légumes : son utilisation nécessite un peu plus d'ustensiles puisqu'il faut laisser s'écouler la soupe moulinée dans un autre récipient. Les différentes grilles permettent d'obtenir une soupe plus ou moins fine, mais le moulin ne permet pas de réaliser des soupes très peu mixées, comme le bortsch ou le gaspacho par exemple.
Bol mixeur : il est parfait pour réaliser des veloutés et des soupes très onctueuses. En revanche, comme le moulin, il ne permet pas de réaliser un mixage grossier.
Mixeur plongeant « girafe » (celui avec un long cou et que l'on plonge directement dans la casserole) : non seulement il est très pratique, car il se lave et se range très facilement, mais il permet vraiment de maîtriser la consistance que l'on souhaite.

LA CONSERVATION ET LA CONGÉLATION

Une soupe fraîche se conserve sans problème pendant plusieurs jours au réfrigérateur : de 3 à 5 jours, selon les ingrédients. Certains légumes sont en effet plus fragiles et peuvent tourner : le chou, la pomme de terre, les petits pois. Une soupe qui a tourné a un goût légèrement acide. Dans ce cas, direction la poubelle sans hésiter.

Si vous souhaitez congeler de la soupe, voici quelques règles simples :

– répartissez la soupe dans des petits conditionnements (pour 1 à 2 personnes) pour ne pas devoir en décongeler plus que nécessaire ;

– les soupes crues (gaspacho, milk-shake…) ne se congèlent pas. Elles contiennent des morceaux de légume (concombre, poivron…) pleins de molécules d'eau. Si vous les congelez et les décongelez, ils perdent leur craquant et la soupe aura un bien vilain aspect !

– les veloutés – très mixés – sont les soupes qui se congèlent le mieux ;

– les bouillons se congèlent très bien (dans des sacs pour congélation), aussi, quitte à passer ½ journée en cuisine, autant réaliser des quantités importantes de bouillon et le congeler. Ainsi il pourra être utilisé tout au long de l'année au fur à mesure des besoins.

QUELQUES BONS TRUCS

Châtaigne

Pour préparer des châtaignes fraîches, il faut les inciser puis les ébouillanter pendant 5 minutes. Le plus difficile est ensuite de les éplucher pour enlever la peau et l'écorce quand elles sont encore chaudes. Cela dit, au moment des fêtes de fin d'année – et même toute l'année dans certains supermarchés –, on trouve facilement des bocaux ou des conserves de châtaignes au naturel.

Chou…

Qu'ils soient blancs, rouges, verts ou frisés, les choux sont souvent assez volumineux. S'ils se gardent plutôt bien quand ils sont entiers, ils doivent être consommés rapidement dès qu'ils sont entamés. Essayez d'acheter ½ chou si vous le pouvez. Une fois le chou lavé, il suffit d'enlever les feuilles extérieures abîmées, puis de le couper en deux : le cœur dur est alors facilement accessible et s'enlève entièrement.

Épinard, oseille…

Les verdures doivent être abondamment lavées et relavées pour éliminer tout résidu terreux. Il faut prévoir une assez grande cocotte pour les cuire car la quantité de verdure fraîche est volumineuse. Au bout de 5 minutes de cuisson, il ne restera plus qu'un fond de légumes…

Ortie

On ne peut compter que sur soi-même pour s'approvisionner en orties. Il est juste nécessaire que les orties soient de jeunes pousses. La période idéale pour la cueillette se situe pendant les mois d'avril et de mai. Les plantes choisies ne doivent pas dépasser 30 à 40 cm et il ne faut cueillir que la partie supérieure (environ 15 centimètres). Attention, les orties en fleur sont impropres à la consommation ! De même, il ne faut pas cueillir les orties près de champs de céréales, abondamment traités. Le lieu idéal serait un jardin ou une pâture. Il ne faut pas oublier de se munir de gants épais, du type gants de cuisine ou de jardinage, pour les cueillir, les laver et les préparer.

Poireau

Le poireau aussi doit être abondamment lavé car la terre se cache jusqu'au cœur des feuilles vertes. Il faut pour cela le couper en quatre dans le sens de la longueur à partir de la moitié du blanc jusqu'au bout du vert : il ressemble alors à un plumeau ! Ensuite on le tronçonne et on lave le tout.

Potiron, potimarron

Le potiron a plusieurs variétés, plusieurs noms et plusieurs formes : citrouille, courge… Les goûts n'en sont pas très différents. Le potimarron est quant à lui un petit cousin, dont la chair a un léger goût de châtaigne. Il faut bien frotter la peau pour la nettoyer et avoir un bon couteau pour la couper car elle est épaisse. Mais on la garde pour la cuisson et, une fois cuite, elle se mixe très bien.

SOUPES CHAUDES

Velouté de potiron à la cannelle et au gingembre

INGRÉDIENTS

800 g de chair de potiron
2 oignons
1 gousse d'ail
1 petit morceau de gingembre frais
2 c. à c. d'huile d'olive
750 ml d'eau
100 ml de crème fleurette
noix de muscade
2 c. à c. de cannelle moulue
sel

1. Épluchez le potiron, retirez les graines et coupez la chair en morceaux.
2. Épluchez et émincez les oignons et l'ail ainsi que le gingembre. Dans une cocotte, faites-les revenir 5 minutes environ dans l'huile d'olive pendant quelques minutes jusqu'à ce que les oignons soient translucides.
3. Ajoutez la chair de potiron, puis l'eau et salez. Le potiron contient de l'eau, il n'est donc pas nécessaire que les morceaux soient recouverts par l'eau de cuisson, mais il faudra mélanger 1 ou 2 fois en cours de cuisson. Portez à ébullition puis réduisez le feu et laissez cuire 20 minutes environ, jusqu'à ce que la chair du potiron soit tendre. Avant de mixer, réservez au besoin une partie de l'eau de cuisson.
4. Mixez finement, puis ajoutez tout ou partie de l'eau de cuisson réservée jusqu'à obtenir la consistance idéale. Ajoutez la crème fleurette, râpez un peu de noix de muscade et rectifiez l'assaisonnement. Saupoudrez de cannelle avant de servir.

ASTUCE DU CHEF
Il vous faut 1,2 kg de potiron non épluché pour obtenir 800 g de chair de potiron.

4-5 PERS.

Préparation + cuisson **40 minutes**

Velouté de potiron

INGRÉDIENTS
800 g de chair de potiron
2 oignons
1 gousse d'ail
2 c. à c. d'huile d'olive
750 ml d'eau
100 ml de crème fleurette
noix de muscade
sel

1. Épluchez le potiron, retirez les graines et coupez la chair en morceaux.
2. Épluchez et émincez les oignons et l'ail. Dans une cocotte, faites-les revenir dans l'huile d'olive pendant 5 minutes environ, jusqu'à ce que les oignons soient translucides.
3. Ajoutez la chair de potiron, puis l'eau et salez. Le potiron contient de l'eau, il n'est donc pas nécessaire que les morceaux soient recouverts par l'eau de cuisson, mais il faudra mélanger 1 ou 2 fois en cours de cuisson. Portez à ébullition puis réduisez le feu et laissez cuire 20 minutes environ jusqu'à ce que la chair du potiron soit tendre. Avant de mixer, réservez au besoin une partie de l'eau de cuisson.
4. Mixez finement, puis ajoutez tout ou partie de l'eau de cuisson réservée jusqu'à obtenir la consistance idéale. Ajoutez la crème fleurette, râpez un peu de noix de muscade et rectifiez l'assaisonnement.

ASTUCE DU CHEF
Il vous faut 1,2 kg de potiron non épluché pour obtenir 800 g de chair de potiron.
Pour une soupe croquante, saupoudrez-la de 100 g de noisettes concassées au moment de servir.

Carottes au céleri et à la pomme verte

INGRÉDIENTS
800 g de carottes
3 bâtons de céleri
3 pommes un peu acides (belles
de Boskoop, par exemple)
2 oignons
2 c. à c. d'huile d'olive
1 litre d'eau
quelques brins de persil plat
sel, poivre

1. Épluchez les carottes et coupez-les en rondelles. Ôtez si nécessaire les côtes des branches de céleri et les feuilles. Coupez les tiges en petits morceaux. Épluchez les pommes, coupez-les en quartiers de taille moyenne. Épluchez et émincez les oignons. Faites chauffer l'huile d'olive dans une cocotte. Faites-y revenir à feu doux les oignons et le céleri pendant 10 minutes, en remuant de temps en temps.

2. Ajoutez les carottes et les pommes, puis l'eau. Salez. Amenez à ébullition et laissez cuire à feu plus doux pendant environ 30 minutes. Il faut que tous les légumes – et en particulier les carottes – soient bien tendres. Mixez finement. On peut ajouter un peu de persil plat ciselé au moment de servir.

6 PERS.

Préparation
+ cuisson
55 minutes

Carottes à l'orange

INGRÉDIENTS

1 kg de carottes
3 beaux oignons
2 c. à c. d'huile d'olive
1,5 litre d'eau
250 ml de jus d'orange
1 orange non traitée
sel, poivre

1. Épluchez les carottes et coupez-les en rondelles. Épluchez et émincez les oignons.
2. Dans une cocotte, faites revenir les oignons dans l'huile d'olive 5 minutes environ à feu très doux, en remuant de temps en temps, jusqu'à ce qu'ils soient translucides. Ajoutez les carottes coupées en rondelles et mélangez le tout. Versez l'eau. Salez. Portez à ébullition puis réduisez le feu et laissez cuire environ 30 minutes à feu doux : les carottes doivent être très tendres. Mixez et ajoutez le jus d'orange.
3. Mélangez et rectifiez l'assaisonnement. Prélevez quelques zestes fins d'orange et ajoutez-les au moment de servir.

Crème de carottes à la coriandre

INGRÉDIENTS

1 kg de carottes
3 beaux oignons
2 c. à c. d'huile d'olive
1,5 litre d'eau
½ c. à c. de coriandre moulue (facultatif)
100 ml de crème fleurette
20 g de Fleur de Maïs Maïzena®
1 bouquet de coriandre fraîche
sel, poivre

1. Épluchez les carottes et coupez-les en rondelles. Épluchez et émincez les oignons. Dans une cocotte, faites-les revenir dans l'huile d'olive avec la coriandre moulue 5 minutes environ à feu très doux, en remuant de temps en temps, jusqu'à ce qu'ils soient translucides. Ajoutez alors les carottes coupées en rondelles et mélangez le tout. Versez l'eau. Salez.

2. Portez à ébullition puis réduisez le feu et laissez cuire environ 30 minutes à feu doux : les carottes doivent être très tendres.

3. Hors du feu, ajoutez la crème fleurette et la Maïzena® préalablement délayée dans un verre d'eau froide. Mixez et rectifiez l'assaisonnement.

4. Ôtez les tiges de la coriandre fraîche et hachez finement les feuilles. Ajoutez-les à la soupe avant de servir.

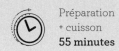

4-5 PERS.

Préparation
+ cuisson
55 minutes

Velouté de potiron aux châtaignes

INGRÉDIENTS

500 g de châtaignes fraîches ou 1 bocal
de châtaignes au naturel
800 g de chair de potiron
2 oignons
1 gousse d'ail
2 c. à c. d'huile d'olive
750 ml d'eau
100 ml de crème fleurette
noix de muscade
sel

1. Pour les châtaignes fraîches, incisez l'écorce des châtaignes puis ébouillantez-les pendant 5 minutes. Égouttez-les et épluchez-les (écorce et peau). Faites-les cuire à couvert dans un petit fond d'eau salée pendant 10 à 15 minutes. Réservez une petite partie des châtaignes pour la décoration.

2. Épluchez le potiron, retirez les graines et coupez la chair en morceaux.

3. Épluchez et émincez les oignons et l'ail. Dans une cocotte, faites-les revenir dans l'huile d'olive pendant 5 minutes environ, jusqu'à ce que les oignons soient translucides.

4. Ajoutez la chair de potiron, puis l'eau et salez. Le potiron contient de l'eau, il n'est donc pas nécessaire que les morceaux soient recouverts par l'eau de cuisson, mais il faudra mélanger 1 ou 2 fois en cours de cuisson. Portez à ébullition puis réduisez le feu et laissez cuire 20 minutes environ jusqu'à ce que la chair du potiron soit tendre. Avant de mixer, réservez au besoin une partie de l'eau de cuisson.

5. Incorporez les châtaignes bien chaudes. Mixez grossièrement, puis ajoutez tout ou partie de l'eau de cuisson réservée jusqu'à obtenir la consistance idéale. Ajoutez la crème fleurette, râpez un peu de noix de muscade et rectifiez l'assaisonnement.

6. Ajoutez les morceaux de châtaignes restantes dans les assiettes.

ASTUCE DU CHEF
Il vous faut 1,2 kg de potiron non épluché pour obtenir 800 g de chair de potiron.

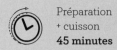

Potiron à la fourme d'Ambert

INGRÉDIENTS

800 g de chair de potiron
2 oignons
1 gousse d'ail
2 c. à c. d'huile d'olive
750 ml d'eau
100 ml de crème fleurette
noix de muscade
½ tranche de fourme d'Ambert
sel

1. Épluchez le potiron, retirez les graines et coupez la chair en morceaux.
2. Épluchez et émincez les oignons et l'ail. Dans une cocotte, faites-les revenir dans l'huile d'olive pendant 5 minutes environ, jusqu'à ce que les oignons soient translucides.
3. Ajoutez la chair de potiron, puis l'eau et salez. Le potiron contient de l'eau, il n'est donc pas nécessaire que les morceaux soient recouverts par l'eau de cuisson, mais il faudra mélanger 1 ou 2 fois en cours de cuisson. Portez à ébullition puis réduisez le feu et laissez cuire 25 minutes environ jusqu'à ce que la chair du potiron soit tendre. Avant de mixer, réservez au besoin une partie de l'eau de cuisson.
4. Mixez finement et ajoutez tout ou partie de l'eau de cuisson réservée jusqu'à obtenir la consistance idéale. Ajoutez la crème fraîche, râpez un peu de noix de muscade et rectifiez l'assaisonnement.
5. Coupez le fromage en petits dés et saupoudrez-en le velouté de potiron.

ASTUCE DU CHEF

Vous pouvez utiliser un autre bleu que la fourme, mais, de par sa consistance, elle ne s'effrite pas et fait de jolis cubes.
Il vous faut 1,2 kg de potiron non épluché pour obtenir 800 g de chair de potiron.

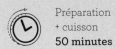

4-5 PERS.

Préparation + cuisson
50 minutes

Potiron à l'avocat

INGRÉDIENTS

1 kg de chair de potiron
2 oignons
1 gousse d'ail
2 c. à c. d'huile d'olive
750 ml d'eau
noix de muscade
1 bel avocat bien mûr ou 2 plus petits
Tabasco
sel, poivre

1. Épluchez le potiron, ôtez les graines et coupez la chair en morceaux.

2. Épluchez et émincez les oignons. Épluchez l'ail et écrasez-le. Dans une cocotte, faites revenir les oignons et l'ail dans l'huile d'olive pendant 5 minutes environ, en remuant de temps en temps.

3. Ajoutez ensuite la chair de potiron et l'eau, salez. Portez à ébullition puis réduisez le feu et laissez cuire 25 minutes environ jusqu'à ce que la chair du potiron soit bien tendre. Hors du feu, retirez une partie du jus de cuisson. Mixez en réincorporant éventuellement un peu de ce jus jusqu'à obtenir la consistance idéale. Râpez un peu de noix de muscade et vérifiez l'assaisonnement.

4. Épluchez l'avocat, ôtez le noyau. Coupez la chair en petits dés et ajoutez-les à la soupe. Proposez un très bon poivre, ou quelques gouttes de Tabasco à ajouter selon les goûts.

Velouté de tomates

INGRÉDIENTS

1 oignon
1 c. à s. d'huile d'olive
2 gousses d'ail
2 c. à s. de concentré de tomates
1 kg de tomates bien mûres ou 1 grosse boîte de tomates pelées
1 brin de thym
1 feuille de laurier
1 pincée de sucre
500 ml d'eau
100 ml de crème fleurette
sel

1. Épluchez et émincez l'oignon, puis faites-le revenir dans une cocotte, dans l'huile d'olive. Ajoutez l'ail finement haché, le concentré de tomates puis les tomates pelées et coupées en morceaux.

2. Attachez la feuille de laurier et le thym ensemble et ajoutez-les (accrochez l'autre extrémité de la ficelle à la poignée de la cocotte, c'est le meilleur moyen de ne pas oublier ce bouquet garni au moment de mixer). Assaisonnez de sucre et de sel, versez l'eau et portez à ébullition.

3. Réduisez le feu, couvrez et laissez frémir pendant 15 à 20 minutes. Retirez le bouquet garni. Mixez. Ajoutez la crème fleurette et rectifiez l'assaisonnement.

ASTUCE DU CHEF

Pour peler les tomates fraîches, faites bouillir de l'eau dans une casserole. Hors du feu, faites tremper les tomates dans de l'eau bouillante pendant 30 secondes : la peau se décollera (presque) toute seule.

Juste avant de servir, rincez 1 bouquet de coriandre ou 1 bouquet de basilic, sélectionnez les feuilles et hachez-les grossièrement. Mélangez ¾ des feuilles avec le velouté et saupoudrez les assiettes avec le reste.

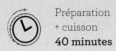

4 PERS.

Préparation
+ cuisson
40 minutes

Velouté de tomates au gingembre

INGRÉDIENTS

1 oignon
1 petit morceau de gingembre frais
1 c. à s. d'huile d'olive
2 gousses d'ail
2 c. à s. de concentré de tomates
1 kg de tomates bien mûres ou 1 grosse
boîte de tomates pelées
1 brin de thym
1 feuille de laurier
1 pincée de sucre
500 ml d'eau
100 ml de crème fleurette
sel

1. Épluchez et émincez l'oignon. Épluchez le gingembre, hachez-le finement. Faites revenir doucement l'oignon et le gingembre dans une cocotte, dans l'huile d'olive. Ajoutez l'ail finement haché, le concentré de tomates puis les tomates pelées et coupées en morceaux.

2. Attachez la feuille de laurier et le thym ensemble et ajoutez-les (accrochez l'autre extrémité de la ficelle à la poignée de la cocotte, c'est le meilleur moyen de ne pas oublier ce bouquet garni au moment de mixer). Assaisonnez de sucre et de sel, versez l'eau et portez à ébullition.

3. Réduisez le feu, couvrez et laissez frémir pendant 15 à 20 minutes. Retirez le bouquet garni. Mixez. Ajoutez la crème fleurette et rectifiez l'assaisonnement.

ASTUCE DU CHEF

Pour peler les tomates fraîches, faites bouillir de l'eau dans une casserole. Hors du feu, faites tremper les tomates dans l'eau bouillante pendant 30 secondes : la peau se décollera (presque) toute seule.

Tomates et pommes à la ricotta

INGRÉDIENTS
1 oignon
1 c. à c. d'huile d'olive
2 pommes type belle de Boskoop
ou canada
1 kg de tomates bien mûres ou 1 grosse
boîte de tomates pelées
500 ml d'eau
1 c. à s. de concentré de tomates
1 petit pot de ricotta
sel

1. Épluchez et émincez l'oignon. Dans une cocotte, faites-le revenir à feu doux dans l'huile d'olive.
2. Pendant ce temps, épluchez les pommes et coupez-les en morceaux. Coupez les tomates en quartiers. Ajoutez le tout à l'oignon. Versez l'eau puis le concentré de tomates en mélangeant bien et salez. Portez à ébullition puis baissez le feu et laissez cuire à feu doux pendant environ 20 minutes.
3. Hors du feu, mixez le tout en ajoutant la ricotta. Rectifiez l'assaisonnement au moment de servir.

Velouté de tomates à la mozzarella

INGRÉDIENTS

1 oignon
1 c. à s. d'huile d'olive
2 gousses d'ail
2 c. à s. de concentré de tomates
1 kg de tomates bien mûres ou 1 grosse
boîte de tomates pelées
1 brin de thym
1 feuille de laurier
1 pincée de sucre
250 ml d'eau
100 ml de crème fleurette
quelques feuilles de basilic
finement hachées
1 boule de mozzarella
sel

1. Dans une cocotte, faites revenir doucement l'oignon émincé dans l'huile d'olive. Ajoutez l'ail finement haché, le concentré de tomates puis les tomates pelées et coupées en morceaux. Attachez la feuille de laurier et le thym ensemble et ajoutez-les (accrochez l'autre extrémité de la ficelle à la poignée de la cocotte, c'est le meilleur moyen de ne pas oublier ce bouquet garni au moment de mixer). Assaisonnez de sucre et de sel, versez l'eau et portez à ébullition. Réduisez le feu, couvrez et laissez frémir pendant 15 à 20 minutes. Retirez le bouquet garni.

2. Mixez la préparation. Ajoutez la crème fleurette et rectifiez l'assaisonnement.

3. Juste avant de servir le velouté, rincez les feuilles de basilic, hachez-les grossièrement. Coupez la mozzarella en tranches puis chaque tranche en quatre ou en six. Ajoutez ces morceaux au moment de servir et saupoudrez de basilic.

Soupe provençale

INGRÉDIENTS
1 aubergine
2 courgettes
400 g de tomates ou 1 petite boîte
de tomates pelées
1 poivron rouge
4 échalotes
4 gousses d'ail
1 c. à s. d'huile d'olive
1 litre d'eau
le jus de ½ citron
basilic
thym, laurier
sel, poivre

1. Épluchez l'aubergine et coupez-la en morceaux. Lavez les courgettes et les tomates et coupez-les en morceaux. Videz le poivron et coupez-le en petits morceaux. Épluchez et émincez les échalotes et l'ail.

2. Dans une cocotte, faites revenir dans l'huile d'olive pendant quelques minutes les dés de poivron, l'ail et les échalotes. Ajoutez les morceaux d'aubergine, de courgette, de tomate, le thym et le laurier attachés ensemble (accrochez l'autre extrémité de la ficelle à la poignée de la cocotte, c'est le meilleur moyen de ne pas oublier ce bouquet garni au moment de mixer) et l'eau. Salez, poivrez.

3. Amenez à ébullition puis laissez cuire environ 20 minutes à feu doux jusqu'à ce que tous les légumes soient bien tendres. Ôtez le thym et le laurier, ajoutez les feuilles de basilic, le jus de citron et mixez. Vérifiez l'assaisonnement avant de servir.

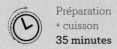

4 PERS.

Préparation
+ cuisson
35 minutes

Velouté de tomates au bacon

INGRÉDIENTS

1 oignon haché
1 c. à s. d'huile d'olive
2 gousses d'ail
2 c. à s. de concentré de tomates
1 kg de tomates bien mûres ou 1 grosse
boîte de tomates pelées
1 brin de thym
1 feuille de laurier
1 pincée de sucre
250 ml d'eau
100 ml de crème fleurette
150 g de bacon coupé en petits morceaux
1 c. à s. de vinaigre balsamique
sel

1. Dans une cocotte, faites revenir doucement l'oignon dans l'huile d'olive. Ajoutez l'ail finement haché, le concentré de tomates puis les tomates pelées et coupées en morceaux. Attachez la feuille de laurier et le thym ensemble et ajoutez-les (accrochez l'autre extrémité de la ficelle à la poignée de la cocotte, c'est le meilleur moyen de ne pas oublier ce bouquet garni au moment de mixer). Assaisonnez de sucre et de sel.
2. Versez l'eau et portez à ébullition. Réduisez le feu, couvrez et laissez frémir pendant 15 à 20 minutes. Retirez le bouquet garni.
3. Mixez la préparation. Ajoutez la crème fleurette et rectifiez l'assaisonnement. Faites revenir les morceaux de bacon dans une poêle jusqu'à ce qu'ils soient joliment grillés. Déglacez avec le vinaigre. Ajoutez le bacon dans le velouté au moment de servir.

4 PERS.

Préparation + cuisson
40 minutes

Velouté de cresson

INGRÉDIENTS
2 belles bottes de cresson
2 grosses pommes de terre à soupe
2 oignons
1 c. à s. d'huile d'olive
750 ml d'eau
100 ml de crème fraîche
sel, poivre

1. Coupez le bas des tiges de cresson, et lavez le cresson à grande eau. Épluchez et lavez les pommes de terre, puis coupez-les en morceaux. Épluchez et émincez les oignons.
2. Faites revenir les oignons dans une cocotte pendant 5 minutes à feu doux dans l'huile d'olive, puis ajoutez le cresson. Mettez un couvercle et laissez réduire pendant quelques minutes, puis ajoutez les morceaux de pomme de terre, couvrez d'eau et salez légèrement. Faites cuire pendant 15 à 20 minutes environ à feu moyen, jusqu'à ce que les pommes de terre soient bien cuites.
3. Hors du feu, mixez finement. Rectifiez l'assaisonnement et ajoutez la crème fraîche dans les assiettes.

4 PERS.

Préparation
+ cuisson
40 minutes

Crème de verdure

INGRÉDIENTS
500 g d'épinards
125 g d'oseille
125 g de pissenlits
2 échalotes
2 c. à c. d'huile d'olive
1 litre d'eau
1 pincée de noix de muscade
100 ml de crème fleurette
sel, poivre

1. Préparez et lavez à grande eau les épinards, l'oseille et les pissenlits. Enlevez les tiges d'épinards. Épluchez et émincez les échalotes.
2. Dans une cocotte, faites revenir les échalotes dans l'huile d'olive, à feu doux, pendant 5 minutes environ. Ajoutez les différentes verdures et faites-les revenir pendant quelques minutes. Ajoutez l'eau, salez, poivrez. Couvrez et laissez cuire à feu doux pendant 20 minutes environ.
3. Retirez du feu. Mixez finement et rectifiez l'assaisonnement. Ajoutez la noix de muscade et la crème fleurette.

ASTUCE DU CHEF
On trouve des pissenlits au printemps, sur les marchés ou chez les primeurs, mais on peut les supprimer ou les remplacer par de l'oseille. La soupe sera alors un peu plus acide. On peut aussi utiliser des légumes surgelés ou réaliser cette recette dans une version simplifiée avec uniquement des épinards.

4 PERS.

Préparation + cuisson **45 minutes**

Crème de verdure avec un œuf poché

INGRÉDIENTS

500 g d'épinards
125 g d'oseille
125 g de pissenlits
2 échalotes
2 c. à c. d'huile d'olive
1 litre d'eau
1 pincée de noix de muscade
100 ml de crème fleurette
2 c. à s. de vinaigre
4 œufs
sel, poivre

1. Procédez comme pour la crème de verdure (voir ci-contre).
2. Dans une casserole à part, faites bouillir de l'eau vinaigrée (2 cuillerées à soupe pour 1 litre d'eau). Cassez les œufs un à un dans une louche plongée dans l'eau bouillante. (Comptez 1 œuf par personne.) Retirez la casserole du feu et laissez les œufs pocher pendant 3 minutes.
3. Retirez les œufs et égouttez-les. Disposez 1 œuf sur chaque assiettée de soupe de crème de verdure.

Potage du Barry

INGRÉDIENTS
1 gros oignon
1 gros poireau
½ chou-fleur (environ 400 g)
2 c. à s. d'huile d'olive
250 ml d'eau
500 ml de lait
sel, poivre ou noix de muscade

1. Épluchez et émincez l'oignon. Coupez le poireau en rondelles et lavez-le abondamment. Lavez le chou-fleur et débitez-le en bouquets.
2. Dans une cocotte, faites revenir les oignons et les poireaux pendant 5 à 10 minutes dans l'huile d'olive, en remuant régulièrement. Ajoutez le chou-fleur, l'eau et le lait, puis salez, couvrez et portez à ébullition (attention, le lait déborde rapidement !). Baissez à feu doux et laissez cuire pendant encore 10 à 15 minutes.
3. Hors du feu, mixez finement, rectifiez l'assaisonnement et ajoutez une pointe de poivre ou de noix de muscade avant de servir.

Céleri au bleu d'Auvergne

INGRÉDIENTS

1 boule de céleri-rave
2 oignons
2 c. à c. d'huile d'olive
150 g de bleu d'Auvergne
1 litre d'eau
sel
croûtons (facultatif)

1. Épluchez le céleri, coupez-le en morceaux. Épluchez les oignons et émincez-les. Faites revenir les oignons dans un peu d'huile d'olive, à feu doux et à couvert, jusqu'à ce qu'ils deviennent translucides, en remuant de temps en temps. Ajoutez les morceaux de céleri et l'eau. Salez légèrement.

2. Couvrez et portez à ébullition puis réduisez le feu et laissez cuire 25 minutes environ à feu doux jusqu'à ce que le céleri soit bien tendre.

3. Retirez du feu et ajoutez les ¾ du fromage. Mixez finement et rectifiez l'assaisonnement. Coupez le reste du bleu d'Auvergne en tout petits morceaux et ajoutez-les au moment de servir. Proposez des croûtons en accompagnement.

4 PERS.

Préparation
+ cuisson
30 minutes

Chou-fleur au cumin

INGRÉDIENTS

1 chou-fleur moyen (environ 500 g)
1 oignon
1 c. à c. de graines de cumin
2 c. à c. d'huile d'olive
500 ml de lait
500 ml d'eau
sel, poivre

1. Lavez le chou-fleur et préparez-le en bouquets. Épluchez et émincez l'oignon.
2. Dans une cocotte, faites revenir les graines de cumin dans l'huile pendant 1 ou 2 minutes. Ajoutez l'oignon et faites-le revenir à feu doux jusqu'à ce qu'il devienne translucide, puis ajoutez le chou-fleur, le lait et l'eau. Salez et portez à ébullition, puis laissez frémir 10 minutes environ.
3. Hors du feu, mixez et rectifiez l'assaisonnement.

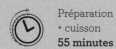
Céleri aux poires

INGRÉDIENTS
1 boule de céleri-rave pas trop grosse
1 gros oignon
1 c. à s. d'huile d'olive
1 litre d'eau
3 poires (comices, par exemple)
sel, poivre

1. Épluchez le céleri-rave, lavez-le et coupez-le en morceaux.
2. Épluchez et émincez l'oignon. Faites-le revenir dans une cocotte dans l'huile d'olive, à feu doux, pendant quelques minutes. Ajoutez les morceaux de céleri, l'eau, et salez. Faites cuire pendant environ 20 minutes à feu moyen. Pendant ce temps, épluchez les poires et coupez-les en morceaux. Réservez.
3. Retirez la cocotte du feu lorsque le céleri est bien tendre. Ajoutez les morceaux de poire et mixez finement. Rectifiez l'assaisonnement en respectant bien l'équilibre sucré-salé !

Préparation
+ cuisson
35 minutes

Petits pois à la menthe

INGRÉDIENTS

3 oignons nouveaux ou 1 gros oignon
blanc
1 cœur ou quelques feuilles de laitue
450 g de petits pois écossés
750 ml d'eau
100 ml de crème fleurette
2 brins de menthe
sel, poivre

1. Épluchez et émincez les oignons. Lavez et hachez grossièrement le cœur de laitue. Mettez-le dans une cocotte avec les oignons et les petits pois. Ajoutez l'eau, salez et portez à ébullition. Réduisez le feu et laissez frémir pendant 25 minutes.
2. Hors du feu, ajoutez la crème fleurette et les feuilles de menthe. Mixez longuement et finement. Rectifiez l'assaisonnement puis servez.

ASTUCE DU CHEF

Cette soupe peut également être servie froide. Dans ce cas, il faut la mettre à refroidir pendant 4 heures au minimum au réfrigérateur.

Préparation
+ cuisson
25 minutes

Courgettes au curry

INGRÉDIENTS

4 belles courgettes
3 oignons nouveaux ou 1 gros oignon
500 ml d'eau
150 ml de crème fleurette
1 c. à c. bombée de curry en poudre
sel

1. Nettoyez les courgettes et ôtez les extrémités, puis coupez-les en morceaux. Épluchez les oignons et coupez-les en morceaux.

2. Mettez tous les légumes dans une cocotte, ajoutez l'eau mais sans les recouvrir : la courgette contient naturellement beaucoup d'eau. Salez légèrement puis faites cuire à feu moyen pendant 15 minutes environ.

3. Hors du feu, mixez finement en ajoutant un peu d'eau si nécessaire pour obtenir la bonne consistance. Battez la crème fleurette avec le curry. Versez cette préparation sur chaque assiettée de soupe.

Crème de champignons

INGRÉDIENTS
4 échalotes
600 g de champignons de Paris
ou 1 grosse boîte
1 c. à s. d'huile d'olive
500 ml d'eau
100 ml de lait
100 ml de crème fleurette
20 g de Fleur de Maïs Maïzena®
croûtons
sel, poivre

1. Épluchez et émincez les échalotes. Nettoyez les champignons et coupez-les en morceaux. Si vous choisissez des champignons en boîte, rincez-les bien.
2. Dans une cocotte, faites revenir les échalotes pendant quelques minutes dans l'huile d'olive. Ajoutez les champignons, mélangez le tout, couvrez et laissez cuire pendant encore quelques minutes puis ajoutez l'eau et le lait. Salez et laissez frémir pendant 10 minutes. Ajoutez la Maïzena® préalablement délayée dans un verre d'eau froide.
3. Hors du feu, mixez la préparation. Rectifiez l'assaisonnement, ajoutez la crème fraîche et des croûtons.

Velouté de poireaux aux zestes d'orange

INGRÉDIENTS
500 g de blancs de poireau
250 g de pommes de terre à soupe
2 oignons
1 c. à s. d'huile d'olive
1 litre d'eau
300 ml de crème fleurette
1 orange non traitée
1 c. à s. de Cointreau
sel

1. Coupez les blancs de poireau en petits morceaux et lavez-les abondamment dans deux eaux au moins. Épluchez les pommes de terre et coupez-les en morceaux. Épluchez et émincez les oignons.

2. Dans une cocotte, faites revenir les oignons et les poireaux dans l'huile d'olive, à feu doux, pendant 5 minutes en remuant de temps en temps. Ajoutez les pommes de terre et l'eau, salez. Portez à ébullition puis diminuez un peu le feu et laissez cuire pendant 20 minutes.

3. Pendant ce temps, nettoyez bien l'orange avec la partie grattante d'une éponge et prélevez les zestes. Mélangez-les à la moitié de la crème fleurette et au Cointreau. Réservez au frais.

4. Lorsque les légumes sont bien cuits, retirez la cocotte du feu. Ajoutez le reste de la crème fleurette et mixez finement. Avant de servir, battez au fouet la crème aux zestes d'orange et servez à part.

Poireaux au lait de coco et au curry

INGRÉDIENTS

3 poireaux
2 grosses pommes de terre
1 gros oignon
1 c. à s. d'huile d'olive
2 c. à c. de curry
1 litre d'eau
1 petite brique de lait de coco
sel, poivre

1. Coupez les poireaux en petits morceaux et lavez-les abondamment. Épluchez les pommes de terre, lavez-les et coupez-les en morceaux. Épluchez et émincez l'oignon.
2. Faites revenir l'oignon dans une cocotte pendant 5 minutes dans l'huile d'olive avec le curry. Ajoutez les poireaux, mélangez et faites revenir le tout pendant 5 minutes environ. Ajoutez ensuite les pommes de terre, l'eau, et salez. Couvrez et faites cuire à feu moyen pendant 20 à 25 minutes, jusqu'à ce que les légumes soient bien cuits. Hors du feu, mixez finement et ajoutez le lait de coco. Rectifiez l'assaisonnement.

ASTUCE DU CHEF
Il faut doser le lait de coco et le curry selon son goût, mais en cherchant un équilibre entre le doux et le fort de cette recette.

5-6 PERS.

Préparation
+ cuisson
55 minutes

Velouté de poireaux

INGRÉDIENTS
500 g de poireaux
500 g de pommes de terre
1 oignon
2 c. à c. d'huile d'olive
1 litre d'eau
250 ml de lait
150 ml de crème fraîche
sel, poivre

1. Coupez les poireaux en petits morceaux et lavez-les abondamment dans deux eaux au moins. Épluchez les pommes de terre et coupez-les en morceaux. Épluchez et émincez l'oignon.

2. Dans une cocotte, faites revenir pendant 5 minutes l'oignon et les poireaux dans l'huile d'olive, en remuant de temps en temps. Ajoutez les pommes de terre coupées en morceaux, couvrez d'eau et salez.

3. Faites cuire à feu doux pendant 30 minutes, jusqu'à ce que les légumes soient bien cuits. Retirez du feu et mixez jusqu'à obtenir une préparation très onctueuse. Ajoutez le lait et la crème fraîche. Rectifiez l'assaisonnement.

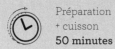

5-6 PERS.

Préparation + cuisson
50 minutes

Soupe de lentilles vertes du Puy

INGRÉDIENTS
2 oignons
2 c. à s. d'huile d'olive
250 g de lentilles vertes du Puy
1 litre d'eau
le jus de ½ citron
sel, poivre

1. Épluchez et émincez les oignons. Dans une cocotte, faites-les revenir à feu doux dans 1 cuillerée à soupe d'huile d'olive. Quand ils sont translucides, ajoutez les lentilles rincées et l'eau, puis salez.

2. Faites cuire à feu doux pendant 40 minutes, jusqu'à ce que les lentilles soient très bien cuites. Mixez finement, ajoutez le jus de citron, le reste de l'huile d'olive. Si la soupe est trop épaisse, ajoutez un peu d'eau chaude. Rectifiez l'assaisonnement.

ASTUCE DU CHEF
Au moment de servir, vous pouvez ajouter les feuilles de 1 bouquet de coriandre grossièrement hachées.

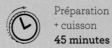
Lentilles blondes à l'indienne

INGRÉDIENTS
250 g de lentilles blondes
1 oignon
2 c. à s. d'huile d'olive
2 c. à c. de gingembre frais râpé
1 c. à s. de coriandre moulue
1 c. à c. de cumin moulu
1 litre d'eau
250 g de tomates pelées en boîte
le jus de 1 citron vert
menthe ou coriandre fraîche
crème fraîche
sel, poivre

1. Rincez les lentilles à l'eau froide. Épluchez et émincez l'oignon.
2. Dans une cocotte, faites revenir doucement l'oignon dans l'huile d'olive 5 minutes environ jusqu'à ce qu'il devienne translucide. Mélangez le gingembre râpé et les épices, et faites revenir le tout pendant quelques minutes avec l'oignon. Baissez à feu doux, ajoutez les lentilles, mélangez bien, puis versez l'eau peu à peu en remuant régulièrement. Salez légèrement. Amenez à ébullition et ajoutez les tomates.
3. Faites cuire pendant 25 à 30 minutes, jusqu'à ce que les lentilles soient bien cuites.
4. Hors du feu, mixez finement. Ajoutez le jus de citron vert et rectifiez l'assaisonnement. Avant de servir, parsemez de coriandre ou de menthe fraîche ciselée et versez un filet de crème fraîche.

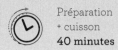

Lentilles corail aux épinards

INGRÉDIENTS

200 g de lentilles corail
1 gros oignon
1 gousse d'ail
1 c. à s. d'huile d'olive
2 c. à c. de curcuma
1 c. à c. de cumin moulu
1 c. à c. de cannelle moulue
1 litre d'eau (pour les lentilles)
200 g d'épinards en branches
(frais ou surgelés)
le jus de ½ citron
sel, poivre

1. Rincez les lentilles. Épluchez et émincez l'oignon et l'ail. Faites-les revenir à feu doux dans une cocotte pendant quelques minutes dans l'huile d'olive avec les épices. Ajoutez les lentilles, l'eau et salez légèrement. Laissez cuire pendant 30 minutes à feu moyen en remuant de temps en temps (les lentilles corail ont tendance à attacher au fond des casseroles !)

2. Pendant ce temps, dans une autre casserole, faites cuire les épinards dans un peu d'eau salée. Lorsqu'ils sont cuits, essorez-les et réservez-les.

3. Quand les lentilles sont parfaitement cuites, mixez-les finement hors du feu, puis ajoutez les épinards et mixez grossièrement pour qu'il reste des morceaux. Ajoutez le jus de citron et rectifiez l'assaisonnement.

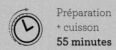
Lentilles au poulet

INGRÉDIENTS

2 gros oignons
150 g de bacon
2 c. à s d'huile d'olive
250 g de lentilles vertes
2 escalopes de poulet
1 litre d'eau
sel

1. Épluchez et émincez les oignons. Coupez le bacon en petits morceaux.

2. Dans une cocotte, faites revenir les oignons et le bacon à feu doux dans l'huile d'olive, à couvert, pendant environ 5 minutes, en remuant de temps en temps. Ajoutez ensuite les lentilles préalablement rincées, l'eau et salez légèrement : le bacon apporte déjà une bonne dose de sel.

3. Portez à ébullition, puis réduisez le feu et laissez cuire pendant environ 40 minutes, jusqu'à ce que les lentilles soient très cuites. Pendant ce temps, coupez le poulet en petits morceaux, faites-les cuire et bien griller dans un peu d'huile d'olive. Réservez au chaud.

4. Hors du feu, mixez finement les lentilles et le bacon. Ajoutez un peu d'eau chaude si nécessaire, afin que la soupe ait la consistance désirée. Rectifiez l'assaisonnement. Ajoutez les morceaux de poulet au moment de servir.

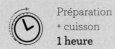
Lentilles vertes du Puy à la saucisse de Morteau

INGRÉDIENTS

1 oignon
1 carotte
1 c. à c. d'huile d'olive
250 g de lentilles vertes du Puy
1 litre d'eau
1 bouquet garni
1 saucisse de Morteau
sel, poivre

1. Épluchez et émincez l'oignon et la carotte.

2. Dans une cocotte, faites revenir l'oignon dans l'huile d'olive en remuant de temps en temps, puis ajoutez la carotte coupée en rondelles et les lentilles. Remuez le tout. Versez l'eau, ajoutez le bouquet garni et la saucisse de Morteau, salez légèrement. Portez à ébullition puis baissez le feu et laissez mijoter pendant au moins 40 minutes.

3. Quand les lentilles sont bien cuites, ôtez le bouquet garni et la saucisse de Morteau. Réservez celle-ci. Mixez longuement les lentilles afin que la soupe soit la plus fine possible, ajoutez un peu d'eau si nécessaire.

4. Épluchez la saucisse de Morteau et coupez-la en rondelles, puis chaque rondelle en quatre. Rectifiez l'assaisonnement de la soupe. Ajoutez les petits morceaux de saucisse.

Pois cassés aux lardons

INGRÉDIENTS

200 g de pois cassés
1 oignon
200 g de poireaux
1 c. à s. d'huile d'olive
750 ml d'eau
100 g de carottes
1 brin de thym
1 feuille de laurier
2 tranches de poitrine fumée
sel, poivre

1. Lavez les légumes, épluchez-les et coupez-les en petits morceaux. Rincez les pois cassés à l'eau froide.

2. Dans une cocotte, faites revenir doucement l'oignon et les poireaux émincés pendant 5 minutes dans l'huile d'olive. Ajoutez l'eau, les pois cassés, les carottes, le thym et le laurier (attachez le thym et le laurier ensemble avec de la ficelle et accrochez l'autre extrémité de la ficelle à la poignée de la cocotte). Salez légèrement et poivrez. Laissez cuire pendant 30 à 40 minutes à couvert et à feu doux.

3. Pendant ce temps, coupez la poitrine fumée en petits bâtonnets et faites-les revenir dans une poêle. Réservez. Quand les pois cassés sont bien tendres, ôtez le thym et le laurier et mixez finement, ajoutez un peu d'eau si nécessaire. Rectifiez l'assaisonnement et ajoutez les lardons.

Haricots rouges et tomates au chili

INGRÉDIENTS

500 g de tomates bien mûres ou 1 petite boîte de tomates pelées

2 gousses d'ail

500 g de haricots rouges en boîte

500 ml d'eau

le jus de 1 citron

2 c. à c. de pâte de chili

sel

1. Lavez les tomates, pelez-les et coupez-les en morceaux. Épluchez les gousses d'ail. Rincez les haricots rouges.

2. Mettez les tomates et les haricots rouges dans une cocotte, puis ajoutez l'eau et l'ail écrasé. Salez. Faites cuire à feu doux pendant au moins 30 minutes, à couvert.

3. Retirez du feu quand les haricots rouges sont bien cuits. Ajoutez le jus de citron, la pâte de chili et un peu d'eau si nécessaire. Mixez grossièrement et rectifiez l'assaisonnement.

4 PERS.

Préparation
+ cuisson
35 minutes

Maïs aux poivrons rouges

INGRÉDIENTS
1 oignon
thym
1 c. à s. d'huile d'olive
400 g de maïs doux
1 bâton de céleri
½ poivron rouge
250 ml d'eau
250 ml de lait
sel, poivre

1. Épluchez et émincez tous les légumes.
2. Dans une cocotte, faites revenir l'oignon et le thym dans un peu d'huile d'olive pendant environ 5 minutes, puis ajoutez le céleri en morceaux. Mélangez bien avec l'oignon et laissez revenir pendant 5 minutes. Ajoutez le poivron rouge, mélangez le tout et laissez revenir pendant encore 5 minutes, puis ajoutez le maïs et versez l'eau. Salez, poivrez. Couvrez et réduisez le feu. Portez à ébullition puis laissez mijoter pendant 10 minutes à feu doux.
3. Retirez du feu, ajoutez le lait froid et mixez suffisamment longtemps pour que la soupe soit très onctueuse. Vérifiez l'assaisonnement.

ASTUCE DU CHEF
En Argentine, cette soupe s'appelle mazamorra *et les légumes ne sont pas mixés.*

Velouté de tomates aux échalotes confites

INGRÉDIENTS

1 oignon
1 c. à s. d'huile d'olive
2 gousses d'ail
2 c. à s. de concentré de tomates
1 kg de tomates bien mûres ou 1 grosse
boîte de tomates pelées
1 brin de thym
1 feuille de laurier
1 pincée de sucre
500 ml d'eau
100 ml de crème fleurette
sel

ÉCHALOTES CONFITES

400 g d'échalotes
1 c. à s. d'huile d'olive
1 c. à c. de miel
2 c. à s. de vinaigre balsamique
15 cl d'eau

1. Épluchez et émincez l'oignon, puis faites-le revenir dans une cocotte, dans l'huile d'olive. Ajoutez l'ail finement haché, le concentré de tomates puis les tomates pelées et coupées en morceaux.
2. Attachez la feuille de laurier et le thym ensemble et ajoutez-les (accrochez l'autre extrémité de la ficelle à la poignée de la cocotte, c'est le meilleur moyen de ne pas oubliez ce bouquet garni au moment de mixer). Assaisonnez de sucre et de sel, versez l'eau et portez à ébullition.
3. Réduisez le feu, couvrez et laissez frémir pendant 15 à 20 minutes. Retirez le bouquet garni. Mixez. Ajoutez la crème fleurette et rectifiez l'assaisonnement.
4. Préparez les échalotes confites.
5. Déposez 1 bonne cuillerée à soupe d'échalotes confites sur chaque assiettée de velouté.

ÉCHALOTES CONFITES
Épluchez et émincez les échalotes. Dans une petite casserole, faites-les revenir à feu très doux dans l'huile d'olive. Ajoutez un peu d'eau au fur et à mesure pour qu'elles n'attachent pas mais continuent à dorer. Ajoutez le miel et le vinaigre balsamique en fin de cuisson, salez légèrement. Arrêtez la cuisson lorsque les échalotes sont fondantes.

ASTUCE DU CHEF
Pour peler les tomates fraîches, faites bouillir de l'eau dans une casserole. Hors du feu, faites tremper les tomates dans l'eau bouillante pendant 30 secondes : la peau se décollera (presque) toute seule.

Velouté de panais

INGRÉDIENTS
1 kg de panais
2 oignons
1 c. à s. d'huile d'olive
1 litre d'eau
150 ml de crème fraîche
sel

1. Épluchez et lavez les panais, coupez-les en rondelles. Épluchez et émincez les oignons. Faites-les revenir dans une cocotte pendant 5 minutes dans l'huile d'olive à feu doux, en les remuant de temps en temps. Ajoutez ensuite les rondelles de panais, l'eau, et salez légèrement.
2. Portez à ébullition puis laissez cuire à feu moyen pendant 30 minutes environ : les panais doivent être très bien cuits.
3. Hors du feu, mixez finement en ajoutant un peu d'eau chaude si nécessaire. La soupe doit être très onctueuse. Rectifiez l'assaisonnement et ajoutez la crème fraîche au moment de servir.

Velouté de rutabagas

INGRÉDIENTS
500 g de rutabagas
250 g de pommes de terre à soupe
2 oignons
1 c. à s. d'huile d'olive
1 litre d'eau
sel

1. Lavez et épluchez les rutabagas et les pommes de terre, coupez-les en morceaux. Épluchez et émincez les oignons.

2. Faites revenir les oignons à feu doux dans l'huile d'olive, dans une cocotte, en remuant de temps en temps pour qu'ils n'attachent pas. Ajoutez les légumes, l'eau et salez légèrement.

3. Portez à ébullition, puis baissez à feu moyen et laissez cuire pendant au moins 40 minutes. La cuisson du rutabaga est assez longue et il faut qu'ils soient très tendres.

4. Hors du feu, mixez finement et rectifiez l'assaisonnement. Vous pouvez ajoutez un peu de crème fraîche, un morceau de beurre ou un trait d'huile d'olive avant de servir.

Soupe du marché

INGRÉDIENTS

1 grosse carotte ou 2 moyennes
1 poireau
1 morceau de chou vert ou blanc
1 oignon
4 ou 5 feuilles de salade
1 navet
500 ml d'eau
20 g de Fleur de Maïs Maïzena®
sel, poivre

1. Lavez, épluchez et émincez tous les légumes. Mettez-les dans une cocotte, recouvrez d'eau, salez et poivrez légèrement. Laissez cuire pendant 20 à 30 minutes, jusqu'à ce que tous les légumes soient bien tendres (notamment les carottes). Ajoutez la Maïzena® préalablement délayée dans un verre d'eau froide.

2. Servez cette soupe telle quelle – avec les légumes en morceaux – ou mixez-la grossièrement pour lui donner une consistance plus homogène. Si nécessaire, ajoutez un peu d'eau pour obtenir la consistance désirée.

ASTUCE DU CHEF

Pour une version d'été, remplacez le chou et le navet par 1 courgette et 1 tomate. Votre soupe sera un peu plus acidulée.

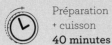

5-6 PERS.

Préparation
+ cuisson
40 minutes

Velouté de potimarron

INGRÉDIENTS

1 kg de potimarron
2 oignons
2 c. à c. d'huile d'olive
1 litre d'eau
100 ml de crème fleurette
noix de muscade
150 g de tranches de bacon (facultatif)
20 g de Fleur de Maïs Maïzena®
sel, poivre

1. Nettoyez bien la peau du potimarron, ôtez les graines et coupez-le en morceaux en gardant la peau (il faut un bon couteau avec une lame solide car la peau du potimarron est très dure, mais elle devient fondante à la cuisson). Épluchez les oignons et émincez-les.

2. Dans une cocotte, faites revenir les oignons dans l'huile d'olive pendant quelques minutes. Ajoutez le potimarron et l'eau, et salez. Portez à ébullition puis réduisez le feu et laissez cuire jusqu'à ce que la chair du potimarron soit bien tendre. Ajoutez la Maïzena® préalablement délayée dans un verre d'eau froide. Mixez. Ajoutez la crème fraîche, râpez un peu de noix de muscade et vérifiez l'assaisonnement.

3. Si vous le souhaitez, faites griller les tranches de bacon dans un peu d'huile jusqu'à ce qu'elles deviennent croustillantes. Émiettez-les sur les assiettées de velouté au moment de servir.

ASTUCE DU CHEF
En pleine saison du potimarron, lorsqu'ils sont bien matures, il n'est pas nécessaire d'ajouter de crème fraîche tellement la chair est onctueuse.

Velouté de topinambours aux châtaignes et au bacon

INGRÉDIENTS

600 g de topinambours
2 oignons
1 c. à s. d'huile d'olive
750 ml d'eau
100 ml de crème fraîche
1 petite boîte de châtaignes au naturel
6 tranches de bacon
sel

1. Procédez comme pour le velouté de topinambours (voir ci-contre). Pendant la cuisson du velouté, faites frire les tranches de bacon dans un peu d'huile d'olive. Réservez.
2. Dans une casserole, réchauffez les châtaignes dans un peu d'eau. Après avoir mixé les topinambours, ajoutez les châtaignes égouttées et mixez-les grossièrement avec le velouté. Disposez sur chaque assiettée de soupe 1 tranche de bacon.

Velouté de topinambours

INGRÉDIENTS

600 g de topinambours
2 oignons
1 c. à s. d'huile d'olive
750 ml d'eau
100 ml de crème fraîche
sel

1. Lavez et pelez les topinambours, puis coupez-les en petits morceaux. Pelez et émincez les oignons.

2. Faites revenir les oignons à feu doux pendant quelques minutes dans l'huile d'olive, dans une cocotte, en remuant de temps en temps pour qu'ils n'attachent pas. Ajoutez les topinambours, faites-les revenir pendant 5 minutes avec l'oignon puis ajoutez l'eau et salez légèrement. Faites cuire à feu moyen pendant 15 à 20 minutes, jusqu'à ce que les topinambours soient tendres.

3. Hors du feu, mixez finement, rectifiez l'assaisonnement. Ajoutez la crème fraîche au moment de servir.

Châtaignes aux lardons

INGRÉDIENTS

1 grosse carotte ou 2 moyennes
1 bâton de céleri
1 oignon
2 gousses d'ail
2 c. à c. d'huile d'olive
600 g de châtaignes au naturel en boîte
ou en bocal
1 bouquet garni
1,5 litre d'eau
400 g de poitrine fumée
sel, poivre

1. Épluchez la carotte et coupez-la en rondelles. Lavez le céleri, ôtez les feuilles et coupez-le en petits morceaux. Épluchez et émincez l'oignon et l'ail.

2. Dans une cocotte, faites revenir tous ces légumes dans l'huile d'olive, pendant 5 minutes environ, à feu doux. Remuez de temps en temps. Rincez les châtaignes. Ajoutez-les ainsi que le bouquet garni (accrochez l'extrémité de la ficelle du bouquet garni à la poignée de la cocotte) et l'eau. Salez, poivrez et portez à ébullition. Réduisez ensuite le feu et laissez cuire à couvert pendant 30 minutes.

3. Pendant ce temps, coupez la poitrine fumée en petits dés et faites revenir les lardons dans une poêle bien chaude. Quand les châtaignes sont bien cuites, retirez la soupe du feu et enlevez le bouquet garni. Mixez finement, ajoutez un peu d'eau si nécessaire. Rectifiez l'assaisonnement sans trop saler (les lardons apporteront leur part de sel). Ajoutez les lardons au moment de servir.

Soupe ardéchoise chou, châtaignes, lardons

INGRÉDIENTS
½ chou vert frisé
200 g de carottes
400 g de châtaignes au naturel
1,2 litre d'eau
6 tranches de poitrine fumée
1 c. à c. d'huile d'olive
sel, poivre

1. Épluchez le chou en ôtant le trognon et en enlevant les bords abîmés des feuilles. Coupez le chou en petits morceaux. Épluchez les carottes, coupez-les en rondelles.
2. Mettez les carottes dans une cocotte de bonne dimension, versez l'eau et salez légèrement (attention à ne pas trop saler, la poitrine fumée l'est déjà). Portez à ébullition puis réduisez le feu et ajoutez les petits morceaux de chou et les châtaignes. Poursuivez la cuisson pendant 20 minutes.
3. Pendant ce temps, coupez les tranches de poitrine fumée en lardons et faites-les revenir pendant quelques minutes dans un peu d'huile d'olive. Réservez.
4. Lorsque les carottes sont bien tendres, retirez la cocotte du feu. Mixez très grossièrement et ajoutez les lardons. Rectifiez l'assaisonnement.

Bortsch

INGRÉDIENTS

2 betteraves rouges crues
2 carottes
2 pommes de terre à soupe
½ chou rouge
2 poireaux
2 tomates ou 1 petite boîte de tomates
pelées
1 oignon
1 c. à s. d'huile d'olive
1,5 litre d'eau
vinaigre de vin
crème fraîche épaisse
sel, poivre

1. Lavez et pelez les betteraves, les carottes, les pommes de terre, le chou, les poireaux, les tomates et l'oignon. Coupez-les en petits morceaux.
2. Mettez l'huile d'olive à chauffer dans une cocotte et faites-y blondir 5 minutes à feu doux l'oignon et les poireaux, puis ajoutez le reste des légumes ainsi que l'eau, salez et poivrez. Couvrez et faites cuire pendant 30 minutes, en remuant de temps en temps.
3. Lorsque les légumes sont bien cuits, mixez grossièrement. Ajoutez un peu d'eau si nécessaire mais le bortsch est une soupe un peu épaisse. Versez une rasade de vinaigre et rectifiez l'assaisonnement si nécessaire. Ajoutez la crème fraîche dans chaque l'assiette.

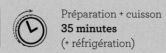
SOUPES FROIDES

Bloody Mary

INGRÉDIENTS
2 bâtons de céleri
2 c. à c. d'huile d'olive
1 kg de tomates bien mûres ou 1 grosse
boîte de tomates pelées
2 citrons verts
100 ml de vodka
1 c. à s. de Tabasco
1 c. à s. de sauce Worcestershire
sel, poivre

1. Lavez et épluchez le céleri, coupez-le en tout petits morceaux. Faites-le revenir dans un peu d'huile d'olive, à feu doux, pendant 15 minutes environ, en remuant de temps en temps. Il doit devenir tendre. Ajoutez les tomates lavées, pelées et coupées en morceaux ainsi que le zeste de ½ citron vert, puis salez. Couvrez et laissez mijoter pendant 10 minutes.

2. Retirez du feu et mixez finement le tout. Ajoutez la vodka, le jus des citrons verts, le Tabasco et la sauce Worcestershire (vous pouvez varier la quantité de vodka et de Tabasco selon les goûts).

3. Rectifiez l'assaisonnement. Laissez refroidir pendant 2 heures à température ambiante. Mettez au réfrigérateur au moins 2 heures avant de servir. Cette soupe est également délicieuse chaude.

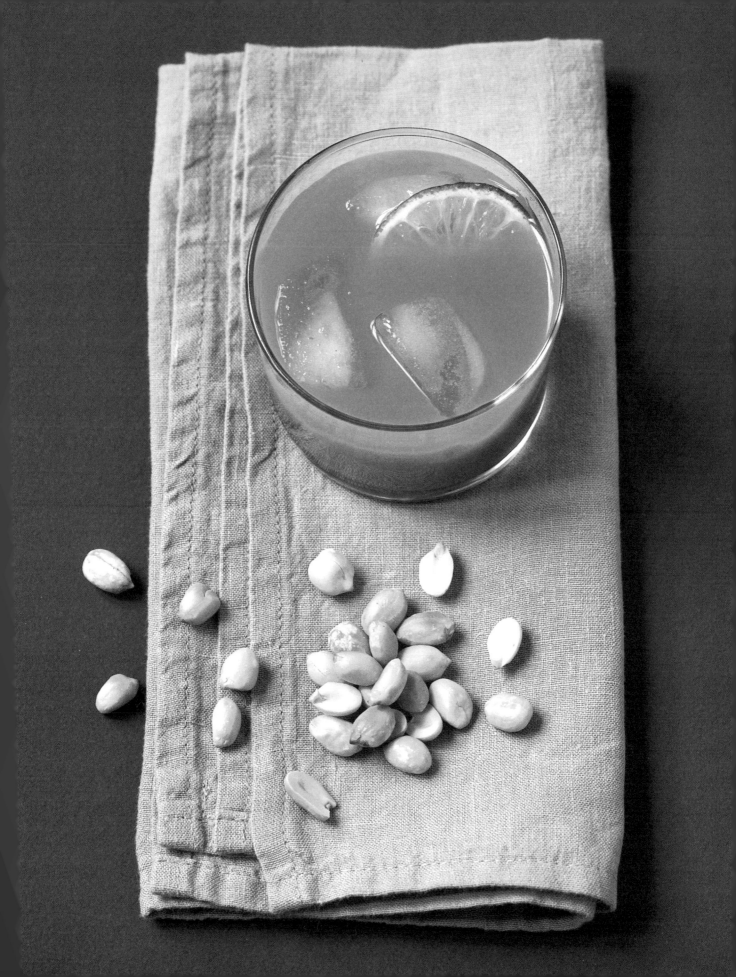

Gaspacho

INGRÉDIENTS

4 beaux oignons nouveaux
2 gousses d'ail
1 poivron rouge ou jaune
1 concombre
1 kg de tomates ou 1 grosse boîte
de tomates pelées
½ c. à c. de sucre en poudre
3 c. à s. d'huile d'olive
4 c. à s. de vinaigre balsamique
200 ml d'eau
Tabasco
sel, poivre

1. Nettoyez tous les légumes. Épluchez les oignons et les gousses d'ail. Émincez-les. Coupez le poivron en petites lamelles, après avoir ôté toutes les graines. N'épluchez pas le concombre (ou une épluchure sur deux si la peau est épaisse, mais la couleur verte est importante), coupez-le en petits morceaux.

2. Ôtez les cœurs des tomates, pelez les tomates et coupez-les en morceaux.

3. Mettez tous les légumes dans un grand saladier. Ajoutez le sucre, l'huile d'olive, le Tabasco et le vinaigre, salez et poivrez. Mixez grossièrement en ajoutant l'eau pour obtenir une consistance un peu plus liquide.

4. Vérifiez l'assaisonnement en ajoutant éventuellement un peu de vinaigre ou de Tabasco, selon votre goût. Mettez au réfrigérateur pendant au moins 1 heure avant de servir.

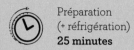

Gaspacho au crabe

INGRÉDIENTS

4 beaux oignons nouveaux
2 gousses d'ail
1 poivron rouge ou jaune
1 concombre
1 kg de tomates ou 1 grosse boîte
de tomates pelées
½ c. à c. de sucre en poudre
3 c. à s. d'huile d'olive
4 c. à s. de vinaigre balsamique
200 ml d'eau
1 boîte de miettes de crabe
Tabasco
sel, poivre

1. Procédez comme pour le gaspacho (voir page 88). Juste avant de servir, ajoutez au gaspacho le contenu de 1 boîte de miettes de crabe égouttées et mélangez de façon homogène.

Gaspacho à l'œuf dur

INGRÉDIENTS

4 beaux oignons nouveaux
2 gousses d'ail
1 poivron rouge ou jaune
1 concombre
1 kg de tomates ou 1 grosse boîte
de tomates pelées
½ c. à c. de sucre en poudre
3 c. à s. d'huile d'olive
4 c. à s. de vinaigre balsamique
200 ml d'eau
1 œuf dur écalé par personne
Tabasco
sel, poivre

1. Procédez comme pour le gaspacho (voir page 88). Émiettez 1 œuf dur dans chaque assiettée de gaspacho au moment de servir.

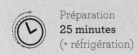
Gaspacho aux crevettes marinées

INGRÉDIENTS

4 beaux oignons nouveaux
2 gousses d'ail
1 poivron rouge ou jaune
1 concombre
1 kg de tomates ou 1 grosse boîte
de tomates pelées
½ c. à c. de sucre en poudre
3 c. à s. d'huile d'olive
4 c. à s. de vinaigre balsamique
200 ml d'eau
Tabasco
sel, poivre

CREVETTES MARINÉES

3 c. à s. d'huile d'olive
le jus de 1 citron
1 ou 2 branches de thym
400 g de crevettes roses décortiquées

1. Préparez les crevettes marinées.
2. Nettoyez tous les légumes. Épluchez les oignons et les gousses d'ail. Émincez-les. Coupez le poivron en petites lamelles, après avoir ôté toutes les graines. N'épluchez pas le concombre (ou une épluchure sur deux si la peau est épaisse, mais la couleur verte est importante), coupez-le en petits morceaux.
3. Ôtez les cœurs des tomates, pelez les tomates et coupez-les en morceaux.
4. Mettez tous les légumes dans un grand saladier. Ajoutez le sucre, l'huile, le Tabasco et le vinaigre, salez et poivrez. Mixez grossièrement en ajoutant l'eau pour obtenir une consistance un peu plus liquide.
5. Vérifiez l'assaisonnement en ajoutant éventuellement un peu de vinaigre ou de Tabasco, selon votre goût. Mettez au réfrigérateur pendant au moins 1 heure avant de servir.
6. Servez les crevettes en accompagnement, en petites brochettes, par exemple.

CREVETTES MARINÉES
Dans un bol, mélangez l'huile d'olive, le jus de citron et le thym. Faites-y mariner les crevettes pendant au moins 1 heure.

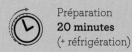
Soupe froide de melon

INGRÉDIENTS

2 melons bien sucrés
2 oranges
1 citron vert
1 petit morceau de gingembre frais (2 cm)
sucre en poudre (si nécessaire)
1 kiwi pour la décoration

1. Prélevez la chair des melons en ôtant les graines. Mettez-la dans un saladier.
2. Pressez les oranges et le citron vert. Ajoutez les jus à la chair du melon.
3. Pelez le gingembre et écrasez-le avec un presse-ail. Jetez les fibres restantes.
4. Mixez finement l'ensemble des ingrédients. Goûtez et ajoutez un peu de sucre en poudre et d'eau si nécessaire.
5. Réservez pendant au moins 2 heures au réfrigérateur. Au moment de servir, épluchez le kiwi. Découpez-le en tranches, et chaque tranche en 3 ou en 4 morceaux qui serviront à décorer.

Préparation + cuisson
1 heure
(+ réfrigération)

Carottes à l'ananas et au gingembre

INGRÉDIENTS

500 g de carottes
2 oignons
1 petit ananas frais ou 1 petite boîte
d'ananas en tranches
1 c. à c. d'huile d'olive
2 c. à c. de gingembre frais haché (4 cm)
1 litre d'eau
200 ml de jus d'ananas
sel, poivre

1. Épluchez les carottes, coupez-les en rondelles. Épluchez et émincez les oignons. Épluchez l'ananas et coupez-le en morceaux. Réservez.

2. Dans une cocotte, faites revenir les oignons dans l'huile d'olive en remuant de temps en temps. Ajoutez le gingembre finement haché et laissez-le revenir pendant quelques minutes, puis ajoutez les carottes, l'eau et le jus d'ananas. Salez.

3. Amenez à ébullition puis diminuez le feu et laissez cuire pendant environ 30 minutes, jusqu'à ce que les carottes soient vraiment tendres.

4. Ajoutez l'ananas et mixez le tout, en ajoutant un peu d'eau si nécessaire.

5. Rectifiez l'assaisonnement. Laissez refroidir pendant 2 heures à température ambiante. Mettez au réfrigérateur au moins 2 heures avant de servir. Cette soupe peut être aussi servie chaude.

4 PERS.

Préparation + cuisson
45 minutes
(+ réfrigération)

Soupe de betteraves à l'orange

INGRÉDIENTS

6 betteraves moyennes crues
8 échalotes
1 litre d'eau
1 orange
300 ml de jus d'orange ou le jus
de 3 oranges
2 c. à c. de sucre en poudre
2 c. à s. de vinaigre balsamique
150 ml de crème fraîche
sel, poivre

1. Pelez les betteraves et coupez-les en dés. Épluchez et émincez les échalotes. Versez le tout dans une casserole, ajoutez l'eau. Portez à ébullition puis réduisez le feu et laissez cuire pendant environ 30 minutes. Il faut que les betteraves soient bien tendres.

2. Pendant ce temps, prélevez le zeste de l'orange avant de la presser.

3. Hors du feu, ajoutez le jus d'orange et le sucre. Mixez finement. Ajoutez le vinaigre, du sel, du poivre, puis le zeste de l'orange finement émincé avant de placer au réfrigérateur pendant 3 heures. Garnissez de 1 cuillerée à soupe de crème fraîche au moment de servir.

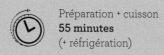
Céleri aux pommes vertes

INGRÉDIENTS
1 boule de céleri-rave
3 pommes un peu acides (granny-smith ou belles de Boskoop)
1 oignon
2 c. à c. d'huile d'olive
1 litre d'eau
1 bouquet de ciboulette
le jus de ½ citron
noix de muscade
sel, poivre

1. Épluchez le céleri-rave, coupez-le en morceaux. Épluchez les pommes, coupez-les en morceaux. Épluchez et émincez l'oignon.

2. Faites revenir l'oignon dans un peu d'huile d'olive, à feu doux et à couvert. Dès qu'il est devenu translucide, ajoutez les morceaux de pomme et de céleri-rave. Prolongez la cuisson 5 minutes en remuant de temps en temps. Ajoutez l'eau, salez, poivrez et laissez cuire pendant 30 minutes à feu doux.

3. Lorsque le céleri-rave est bien tendre, retirez du feu. Mixez finement, ajoutez le jus de citron, une pointe de noix de muscade et rectifiez l'assaisonnement.

4. Laissez refroidir à température ambiante pendant 2 heures, puis 2 heures au réfrigérateur. Avant de servir, parsemez la soupe de ciboulette finement ciselée.

6 PERS.

Préparation + cuisson
35 minutes
(+ réfrigération)

Vichyssoise

INGRÉDIENTS

500 g de blancs de poireau
1 oignon
2 c. à c. d'huile d'olive
500 g de pommes de terre
1 litre d'eau
250 ml de lait
250 ml de crème fleurette
ciboulette
sel, poivre

1. Épluchez et émincez finement les poireaux et l'oignon. Faites-les revenir dans un peu d'huile d'olive pendant quelques minutes. Ajoutez les pommes de terre coupées en morceaux et l'eau, puis salez. Couvrez et faites cuire à feu doux pendant 30 minutes.
2. Hors du feu, mixez très finement jusqu'à obtenir une soupe très onctueuse. Ajoutez peu à peu le lait et la crème fraîche. Rectifiez l'assaisonnement.
3. Laissez refroidir pendant 2 heures à température ambiante. Mettez au réfrigérateur au moins 2 heures avant de servir. Parsemez de ciboulette ciselée au moment de servir.

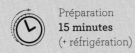

6 PERS.

Préparation
15 minutes
(+ réfrigération)

Milk-shake de concombre à l'aneth

INGRÉDIENTS
1 concombre
500 ml de lait demi-écrémé
1 petit bouquet d'aneth
sel, poivre

1. Lavez le concombre, coupez les extrémités. Coupez-le en morceaux sans enlever la peau, puis mixez-le avec le lait et l'aneth grossièrement haché. Salez, poivrez.

2. Mettez au frais pendant au moins 1 heure et servez glacé.

3. Mélangez bien avant de servir, pour que le milk-shake soit bien homogène.

ASTUCE DU CHEF
La menthe fraîche est peut-être plus facile à trouver que les bouquets d'aneth, aussi n'hésitez pas à remplacer l'aneth par de la menthe, qui se marie elle aussi parfaitement au concombre et au lait.

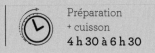

BOUILLONS D'ICI ET D'AILLEURS

Bouillon de légumes

INGRÉDIENTS

1 petit morceau de chou, blanc ou vert
4 carottes
2 poireaux
2 oignons
½ céleri-rave
1 bâton de céleri
1 ou 2 petits navets
1 c. à s. d'huile d'olive
1 bouquet garni : 1 ou 2 brins de thym,
1 feuille de laurier, le tout solidement
attaché par une ficelle
3 à 4 litres d'eau
sel, poivre

1. Épluchez le chou en ôtant le trognon et en enlevant les bords abîmés des feuilles, puis coupez-le en morceaux. Pelez tous les autres légumes et coupez-les en gros morceaux.
2. Mettez l'huile d'olive à chauffer doucement dans une grande cocotte et faites-y revenir les poireaux, les oignons et le céleri pendant quelques minutes. Ajoutez ensuite les autres légumes et couvrez largement avec au moins 3 à 4 litres d'eau, mettez le bouquet garni, salez et poivrez légèrement. Amenez à ébullition puis réduisez le feu et laissez cuire à feu très doux. Écumez régulièrement pendant la première heure.
3. Après 4 à 6 heures de cuisson, réservez les légumes et filtrez le bouillon dans une passoire. Rectifiez l'assaisonnement si nécessaire. Laissez refroidir.

Bouillon de bœuf

INGRÉDIENTS

1,5 à 2 kg d'os de bœuf divers
2 c. à s. d'huile d'olive
2 oignons
2 carottes
1 bâton de céleri
1 morceau de céleri-rave
1 poireau
1 bouquet garni : brins de thym, 1 feuille
de laurier, le tout solidement attaché par
une ficelle
3 à 4 litres d'eau
sel, poivre

1. Pelez et hachez grossièrement tous les légumes. Pour que le bouillon soit bien parfumé et ait une belle couleur, commencez par faire revenir les os et leurs viandes dans l'huile d'olive, dans un grand faitout, pendant 5 bonnes minutes. Ajoutez ensuite les légumes et le bouquet garni, recouvrez largement d'eau (3 à 4 litres au minimum), salez et poivrez, couvrez.

2. À ébullition, baissez à feu très doux et laissez cuire pendant au moins 6 heures. Écumez régulièrement pendant la première heure de cuisson.

ASTUCE DU CHEF

Le bouillon de bœuf est très gras et il est vraiment souhaitable de le dégraisser. Pour cela il faut le laisser refroidir, après l'avoir filtré dans une passoire, puis ôtez la graisse figée.

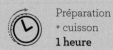
Bouillon d'échalotes

INGRÉDIENTS
250 g d'échalotes
250 g d'oignons doux rouges
1 c. à c. d'huile d'olive
1,5 litre de bouillon de volaille
1 c. à s. de sucre en poudre
1 c. à s. de moutarde
1 ou 2 tiges d'estragon
sel, poivre

1. Épluchez et émincez les échalotes et les oignons. Faites-les revenir dans un peu d'huile d'olive, à feu très doux, pendant 20 minutes. Remuez et ajoutez un tout petit peu de bouillon de temps en temps, afin que les légumes n'attachent pas mais continuent de roussir doucement. Saupoudrez de sucre et continuez la cuisson pendant encore 10 minutes. Ajoutez le bouillon de volaille et portez à ébullition.
2. Faites cuire doucement pendant 15 minutes. Avant de servir, rectifiez l'assaisonnement puis ajoutez la moutarde et l'estragon ciselé.

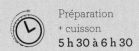
Bouillon de volaille

INGRÉDIENTS

1 ou 2 carcasses de volaille (poulet, canard, pintade...), et si possible quelques ailes

3 c. à s. d'huile d'olive

3 à 4 litres d'eau

1 bouquet garni : brins de thym, 1 feuille de laurier, le tout solidement attaché par une ficelle

2 oignons

1 poireau

1 bâton de céleri

2 carottes

1 morceau de céleri-rave

sel, poivre

BOUILLON BRUN

1. Pelez et hachez grossièrement tous les légumes.

2. Pour réaliser un bouillon brun, dans un grand faitout, faites revenir tous les morceaux de volaille dans un peu d'huile chaude. Lorsqu'ils sont dorés sur tous les côtés, ajoutez 3 à 4 litres d'eau environ, mettez le bouquet garni, salez et poivrez légèrement.

3. Dans un autre récipient, faites revenir de la même manière les oignons, le poireau et le céleri branche pendant quelques minutes, puis ajoutez-les à la viande, ainsi que les autres légumes. Salez, poivrez, couvrez et amenez à ébullition. Baissez à feu très doux et écumez régulièrement pendant la première heure. Plus la cuisson est longue, plus les arômes seront concentrés.

4. En fin de cuisson, filtrez le bouillon obtenu dans une passoire, goûtez, et rectifiez l'assaisonnement. On ne garde pas les légumes, qui sont souvent mêlés de fragments d'os.

BOUILLON CLAIR

1. La recette est la même que précédemment, mais ne faites pas revenir les morceaux de viande. Commencez par faire revenir les oignons, les poireaux et le céleri, puis ajoutez les autres légumes, la viande, l'eau, salez et poivrez. Le bouillon obtenu sera plus clair mais néanmoins très parfumé.

ASTUCE DU CHEF

Pour dégraisser le bouillon, il est préférable de le laisser refroidir. À froid, la graisse se fige en surface et peut ainsi être enlevée facilement.

Le bouillon de volaille peut être utilisé dans la plupart des recettes de ce livre à la place de l'eau. Il apporte une petite saveur supplémentaire, qui n'est pas indispensable mais que certains apprécient.

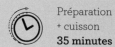

2-3 PERS.

Préparation
+ cuisson
35 minutes

Soupe thaïlandaise au lait de coco

INGRÉDIENTS

quelques brins de citronnelle fraîche
1 petit morceau de gingembre
2 feuilles de citronnier kaffir
500 ml de bon bouillon de volaille
1 c. à c. rase de sucre en poudre
1 petite brique de lait de coco
1 petit piment thaï (ou ½ selon les goûts)
1 c. à s. de nuoc-mâm
1 belle escalope de poulet
quelques champignons chinois (volvaires)
2 ou 3 petits épis de maïs
le jus de ½ citron vert
une dizaine de brins de coriandre fraîche

1. Enlevez la partie dure de la citronnelle et, avec le manche d'un couteau ou un pilon, écrasez la partie tendre en bâtonnets de quelques centimètres afin que les arômes se dégagent parfaitement. Épluchez et émincez le gingembre. Rincez les feuilles de kaffir.
2. Versez le bouillon dans une casserole et portez à ébullition. Ajoutez alors le gingembre, la citronnelle, le sucre et les feuilles de kaffir, et laissez frissonner pendant 5 minutes. Ajoutez ensuite le lait de coco, le petit piment coupé en morceaux, le nuoc-mâm et poursuivez la cuisson pendant encore 5 minutes.
3. Pendant ce temps, découpez le poulet en petites lamelles. Ajoutez-les finalement au bouillon avec les champignons coupés en morceaux, et poursuivez la cuisson jusqu'à ce que le poulet soit cuit (les morceaux sont alors devenus blancs).
4. Hors du feu, ajoutez les épis de maïs, le jus de citron vert et rectifiez l'assaisonnement. Tout doit être perceptible : la force du piment et du gingembre, la douceur et l'onctuosité du lait de coco, l'acidité du citron... Ajoutez les feuilles de coriandre au moment de servir.

ASTUCE DU CHEF
Les feuilles de kaffir lime, pas toujours faciles à trouver, peuvent être remplacées par de la citronnelle. Il suffira alors d'en mettre un peu plus. Une fois les ingrédients réunis, cette soupe est extrêmement simple à réaliser. Servie avec du riz, cela fait un repas complet.

4 PERS.

Préparation
+ cuisson
50 minutes

Pho vietnamien

INGRÉDIENTS
2 escalopes de poulet
180 g de fines nouilles de riz
1 litre de bon bouillon de volaille
2 anis étoilés
2 clous de girofle
1 bâton de cannelle
2 c. à c. de sucre en poudre
2 c. à c. de nuoc-mâm ou de sauce soja
1 c. à c. de sauce chili ou de harissa
poivre

MARINADE
1 c. à s. de sauce soja
2 c. à c. de vin de riz ou de porto blanc sec
1 c. à c. de sucre en poudre
1 c. à c. d'huile de sésame
1 c. à c. de Maïzena

GARNITURE
ciboules
oignons nouveaux
coriandre fraîche
basilic thaï ou basilic ordinaire
pousses de soja frais
sauce soja
sauce chili

1. Préparez la marinade.
2. Coupez le poulet en très fines lamelles, mettez-les dans la marinade, mélangez bien et faites mariner pendant 20 minutes au réfrigérateur. Égouttez puis jetez la marinade.
3. Pendant ce temps, faites tremper les nouilles de riz pendant 20 minutes dans de l'eau chaude. Quand elles sont bien assouplies, égouttez-les dans une passoire.
4. Versez le bouillon dans un wok et portez-le à frémissement. Ajoutez les épices et le sucre, continuez la cuisson pendant 5 minutes, puis ajoutez la viande et mélangez pendant 1 à 2 minutes. Versez ensuite le nuoc-mâm et la sauce chili, donnez un tour de moulin à poivre, et mélangez pendant encore 2 minutes. Enfin, ajoutez les nouilles de riz et finissez la cuisson pendant 3 minutes.
5. Retirez l'anis, les clous de girofle et la cannelle avec une écumoire, puis servez immédiatement dans des grands bols. Mettez à disposition sur la table les différentes herbes aromatiques ciselées, le soja frais ainsi que de la sauce soja et de la sauce chili.

MARINADE
Mettez tous les ingrédients de la marinade dans un saladier et mélangez bien.

ASTUCE DU CHEF
Vous pouvez remplacer le poulet par 200 g de steak haché que vous préparerez de la même manière.

4-6 PERS.

Préparation
+ cuisson
13 minutes

Soupe miso

INGRÉDIENTS

quelques champignons noirs
2 c. à c. de dashi
1 litre d'eau
1 c. à s. d'algues wakame
1 cébette
100 g de tofu
2 c. à s. de miso

1. Mettez les champignons à tremper dans de l'eau tiède. Diluez le dashi dans l'eau et faites-le chauffer avec les algues. Pendant ce temps, émincez la cébette.

2. Coupez le tofu en petits dés et les champignons en lamelles. Ajoutez ces ingrédients au bouillon chaud et laissez cuire pendant encore 2 minutes.

3. Prélevez un bol de ce bouillon et, hors du feu, incorporez-y le miso (qui ne doit pas bouillir). Mélangez bien. Arrêtez la cuisson et incorporez le bouillon au miso. Mélangez et servez aussitôt.

ASTUCE DU CHEF

Le miso est une pâte fermentée à base de soja, très salée et très riche en protéines.
Le dashi, à base d'algues et de poissons, est utilisé pour réaliser le traditionnel bouillon japonais. Enfin, les algues se présentent souvent sous forme de paillettes déshydratées et les champignons noirs sont bien souvent eux aussi déshydratés. Tous ces produits, nécessaires à la confection de cette soupe, se trouvent bien évidemment en vente dans les épiceries japonaises, mais aussi dans les rayons des produits asiatiques de certaines grandes surfaces. D'autres légumes émincés, comme le chou, ou râpés, comme la carotte, peuvent être ajoutés à cette soupe miso.

Les toppings

les classiques

LA CRÈME FRAÎCHE

Elle se mélange facilement. On peut la sophistiquer en la mélangeant avec une épice, du curry ou de la cannelle par exemple, et la servir à part.
La crème fraîche épaisse est parfaite servie dans chaque assiette, 1 bonne cuillerée à café qui va fondre tranquillement.

LES CROÛTONS

Découpez à l'avance un morceau de pain en tranches de 1 cm d'épaisseur, puis recoupez les tranches en petits morceaux. Laissez-les sécher 1 à 2 jours puis faites-les griller dans un peu d'huile d'olive dans une poêle.

plus originales

LES HERBES FRAÎCHES

Le persil et le cerfeuil s'accommodent avec presque tous les légumes.
La coriandre est idéale pour relever une soupe de carottes ou de tomates toute simple. On en trouve presque toute l'année et c'est quasiment un achat de base, à avoir dans son réfrigérateur.
Le basilic est une herbe estivale, très amie avec la tomate, mais ouverte à d'autres rencontres... Attention, le basilic ne se cuit pas.
La ciboulette est une autre herbe d'été, qui apporte un peu de vivacité à une soupe froide de poireaux ou de céleri et de pommes, par exemple. Attention, elle non plus ne se cuit pas.
L'aneth a un goût légèrement anisé et est utilisé pour les soupes d'été, notamment de concombres.

plus inattendu

LE FROMAGE

Tous les fromages ou presque sont compatibles avec les soupes de légumes. On les sert directement dans l'assiette ou dans une petite coupelle à part.
Les râpés : gruyère, parmesan...
Les bleus : bleu d'Auvergne, roquefort, stilton...
Les italiens : mozzarella, ricotta...
Et les autres : feta, brousse, gouda...

plus traditionnelles

LES COCHONNAILLES

On les sert directement dans l'assiette ou dans une petite coupelle à part.
Les lardons : faites-les griller avant de les servir.
Le chorizo grillé : découpez ½ chorizo (doux ou fort, selon votre convenance) en rondelles, et faites-les revenir dans une poêle, sans huile.
Le bacon : c'est un filet fumé « maigre ». Il se présente en général en fines tranches, qu'il faut faire dorer dans une poêle sans ajouter d'huile ou de beurre.

les sucrés-salés

LES FRUITS SECS

Ils apportent une touche originale au goût et une consistance particulière aux soupes.
Les noix, noisettes concassées, pignons de pin grillés et autres amandes grillées...
La noix de coco râpée.

quelques préparations

Le confit d'échalotes ou d'oignons.
Le traditionnel pistou.

Index

© 2014 Hachette Livre (Marabout), pour la présente édition.

Conception graphique de l'intérieur : Aurélie Vitoux
Mise en pages : Les PAOistes
Relecture-correction : Dominique Montembault
Suivi éditorial : Natacha Kotchetkova

Édité par Hachette Livre, 58 rue Jean Blenzen, CS 70007, 92178 Vanves Cedex
Dépôt légal : janvier 2014
ISBN : 978-2-501-09329-3
41-4726-0/04
Achevé d'imprimer en avril 2015 sur les presses de Macrolibros, Espagne.